3

Made in the USA
San Bernardino, CA
02 April 2020

66742913R00058